Fotografía gastronómica

avanza editorial

Editado por:
EDITORIAL FAE, S.L.U.
Correo electrónico: editorial@editorialfae.com

Fotografía gastronómica
Ana Galán Sánchez

1ª Edición

Se ha puesto el máximo empeño en ofrecer a la persona lectora una información completa y precisa. Sin embargo, Editorial FAE, S.L.U., no asume ninguna responsabilidad derivada de su uso ni tampoco de cualquier violación de patentes ni otros derechos de terceras partes que pudieran ocurrir. Esta publicación tiene por objeto proporcionar unos conocimientos precisos y acreditados sobre el tema tratado. Su venta no supone para el editor ninguna forma de asistencia legal, administrativa o de ningún otro tipo.

ISBN: 978-84-1135-284-0

Impreso en España

Presentación

Ficha técnica del curso

El presente manual desarrolla el contenido teórico de la acción formativa "Fotografía gastronómica" incluida en FUNDAE con código IMST0002 en la familia profesional de Imagen y sonido dentro del Área Profesional de "Producciones fotográficas".

La acción formativa cuenta con una duración de 30 horas y su contenido está estructurado en tres unidades de aprendizaje que se distribuyen según lo expuesto en el siguiente índice.

Índice

U. A. 1. Aplicación de los contenidos teórico-prácticos

Introducción

Objetivos

Para empezar

1. Identificación de los principios básicos de fotografía
2. Utilización de las diversas cámaras y su manejo
3. Conocimiento acerca de la luz y su tratamiento: flash, luz de ventana y luces y sombras
4. Composición, el bodegón
5. Manipulación de diferentes modelos de cámaras y equipos fotográficos
6. Preparación de la escena a fotografiar
7. Elaboración y preparación de un plato /receta para fotografiar
8. Realización de fotografías gastronómicas (platos, tapas, productos, bodegones, vajilla, bebidas...etc.)

RESUMEN

GLOSARIO

EJERCICIOS DE AUTOEVALUACIÓN

U. A. 2. Realización del revelado

Introducción

Objetivos

Para empezar

1. Aplicación de tratamientos informáticos en fotografía: el Photoshop
2. Realización de la postproducción
3. Aplicación de técnicas de presentación
4. Mejora de la presentación y de los productos. Utilización de redes sociales
5. Manipulación del Photoshop

U. A. 3. Postproducción de fotografía digital

Aplicaciones prácticas

Ejercicio de evaluación final

Solucionario

Bibliografía

U. A. 1. Aplicación de los contenidos teórico-prácticos

Introducción

La fotografía gastronómica es una de las áreas de la fotografía profesional menos conocidas. Sin embargo, es la base para cualquier campaña publicitaria relacionada con restaurantes, marcas de comida, supermercados, recetas, etc.

Conocer los puntos fundamentales que rigen la fotografía, así como los aspectos básicos de este tipo de fotografía va a garantizar que las fotografías resultantes, aunque no se tenga la experiencia suficiente, sean de calidad.

Saber cómo elaborar una escena con alimentos o cómo fotografiar el proceso de creación de una receta otorgará la confianza suficiente que permita desarrollar la creatividad del fotógrafo.

Objetivos

- Identificar los principios básicos de la fotografía.
- Diferenciar cámaras fotográficas y sus características.
- Utilizar los diferentes tipos de luces correctamente.
- Conocer los elementos principales de una composición.
- Aprender a preparar escenas de fotografía gastronómica.
- Conocer los pasos en la elaboración y preparación de platos y recetas.
- Reconocer los aspectos técnicos necesarios en la fotografía gastronómica.

Para empezar

Para aprender a manejar correctamente cualquier herramienta u objeto es importante conocer cómo se pueden aplicar los conocimientos que se han aprendido sobre él. Solo de esta forma se podrá obtener el mejor partido del mismo.

Es común que todos los objetos o herramientas posean unas instrucciones que indiquen aspectos básicos de su funcionamiento, pero no muestran cómo aplicar esos conocimientos en la práctica.

Lo mismo ocurre con las cámaras fotográficas. De forma general, desde las instrucciones hasta los blogs explican para qué sirve cada modo, qué luz es mejor o con que elementos auxiliares van a lograr que se obtenga una fotografía increíble, pero no muestran cómo utilizar esos modos, esa luz o esos elementos auxiliares para suplir carencias o resaltar aspectos.

Fig. 1. Si no se sabe en qué momento es mejor usar cada modo no sirve de nada que la cámara posea muchas funcionalidades

A la hora de enfrentarse a la realización de fotografías, si no se sabe cómo y para qué modificar los modos, no se va a sacar el máximo provecho ni a la cámara ni a la escena a fotografiar.

Utilizar correctamente estos elementos va a permitir, entre otras cosas, aprovechar la luz, ya sea natural o artificial. Los objetos se verán con mayor nitidez o definición y habrá más contraste entre ellos, creando sombras marcadas o difuminadas. De igual forma ocurre con el resto de elementos.

Es necesario conocer cómo se pueden emplear los elementos auxiliares de la cámara, como objetivos o flashes, y cómo se pueden modificar los ajustes técnicos de la misma para obtener la fotografía con la nitidez y campo de visión deseado.

Fig. 2. Enfocar correctamente y desenfocar parte de la escena logrará fotografías únicas

1. Identificación de los principios básicos de fotografía

Es frecuente que, cuando una persona se inicia en el mundo de la fotografía, no sepa muy bien cómo enfrentarse a la cámara y a las posibilidades que ofrece. La experiencia y la formación proporcionan conocimientos y habilidades que van a permitir crear fotografías hasta entonces inimaginables, es cierto, pero también lo es que conociendo los principios básicos de la fotografía y cómo utilizarlos se pueden obtener resultados impensables hasta el momento.

Por ello, antes de profundizar más en el contenido de la unidad se van a señalar estos principios básicos:

A. Exposición

Se trata del primer principio que se ha de tener en cuenta al iniciarse en fotografía. Básicamente es la cantidad de luz que capta la cámara. Graduar la luz que los sensores de la cámara capten permitirá obtener una foto con mayor o menor claridad, y en la que se distingan correctamente los detalles.

- **Fotografía subexpuesta.** La fotografía no posee la luz necesaria para que se perciban los detalles, que se pierden en las partes oscuras.
- **Fotografía sobrexpuesta.** Se ha realizado la fotografía con una luz excesiva y los detalles se pierden en las partes claras.

B. Apertura de diafragma o apertura de la lente

La apertura del objetivo determina la cantidad de luz que capta la cámara, a mayor apertura mayor cantidad de luz penetrará y a menor apertura menos luz se captura.

La apertura se mide mediante el valor "F-stop" o "F". Cuanto mayor sea el número que aparezca junto a esta letra menor será la cantidad de luz que penetre en el sensor.

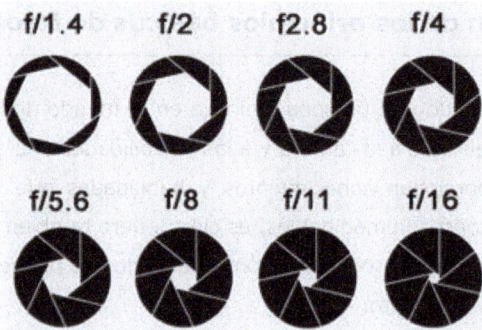

Fig. 3. Apertura de objetivo en función del valor F

F-stop (F). Valor que indica la apertura del objetivo de la cámara.

C. ISO

Hace referencia a la sensibilidad del sensor de la cámara con respecto a la luz que capta. Un ISO elevado aumenta la capacidad del sensor para captar la luz y, en el caso de un ISO bajo, se reduce la luz que este capta.

Un problema que presenta la modificación del ISO es que a mayor ISO (mayor luz captada) mayor es el ruido digital de la fotografía, lo que influye directamente en su calidad.

Ruido digital. Alteración en brillo y color de la imagen.

Fig. 4. Resultado de una fotografía en función del ISO empleado

D. Profundidad de campo

Hace referencia a las partes de una fotografía que se encuentran nítidas y enfocadas.

Fig. 5. A mayor profundidad de campo más secciones de la fotografía serán nítidos

E. Distancia focal (zoom)

Establece el ángulo de visión de la cámara, es decir, cuánto de lo que se ve quedará reflejado en la fotografía y cuál será su tamaño en ella. Cuanto menor es la distancia focal mayor será el ángulo de visión y menor el tamaño de los elementos que componen la escena. Sin embargo, cuanto mayor sea la distancia focal más pequeño será el ángulo de visión, aunque los elementos se verán de mayor tamaño.

Anotación

El gran angular permite fotografiar una escena mayor. Cuanto más zoom se aplique menos elementos aparecen en la fotografía.

F. Enfoque

Consiste en graduar la lente hasta obtener la mayor nitidez, resolución y contraste en una fotografía. Modificando el enfoque de la cámara se pueden obtener más elementos nítidos o no. Dependiendo del modelo de la cámara puede hacerse de manera manual (moviendo el anillo del objetivo) o automático (la propia cámara realiza los ajustes).

2. Utilización de las diversas cámaras y su manejo

Existe una amplia variedad de criterios para establecer una clasificación de cámaras fotográficas, que van desde su tamaño hasta si ofrecen la posibilidad de añadir elementos o si son plenamente automáticas, semi o analógicas, entre otros.

Debido a la gran cantidad de cámaras que existen y a la variedad de criterios, se ha realizado una selección para mostrar las más comunes y sus aplicaciones.

De esta forma, en función de su tamaño, la posibilidad de añadir objetivos y funciones:

A. Cámaras compactas

Son cámaras de pequeño tamaño muy populares entre el público amateur puesto que no necesita de amplios conocimientos para obtener un buen resultado.

Entre las características de su manejo están las siguientes:

- No poseen visor, la imagen que captan puede verse mediante una pantalla integrada en la cámara.
- El tamaño del sensor suele ser pequeño, de ahí que la calidad de las imágenes no sea excesiva.
- Su objetivo es fijo con la posibilidad de aumento mediante "zoom".
- Son automáticas prácticamente en su totalidad, aunque incluyen algunos modos o control de aspectos, sus parámetros vienen por defecto.

Fig. 6. Cámara digital compacta, con zoom x16 y capacidad de apertura

B. MILC

Son una mezcla entre las cámaras compactas y las réflex. Estas cámaras permiten autonomía en la modificación de los ajustes fotográficos para obtener distintos resultados sin necesidad de poseer grandes conocimientos, más necesarios para las cámaras réflex.

Entre las principales características en cuanto a manejo están las siguientes:

- Tamaño medio, poco mayor que las compactas.
- En su mayoría cuentan con un visor electrónico, seguidas de cerca por aquellas sin visor (pantalla) y en menor medida las que poseen visor óptico.

- El sistema de enfoque es automático. Algunos modelos además del sistema por contraste ofrecen el de detección de fase.
- Su sensor es de tamaño medio, lo que permite variedad en la apertura de enfoque.
- Ofrecen la posibilidad de añadir objetivos, aunque la oferta es limitada.
- Permite modificar los parámetros de los diferentes modos.

Fig. 7. Cámara sin espejo con objetivos intercambiables

C. Cámara réflex (SLR)

Estas cámaras son la versión más moderna de las tradicionales réflex. Son las cámaras de mayor tamaño, aunque este varía en función del modelo y las posibilidades que ofrezca.

En cuanto a su utilización hay que tener en cuenta lo siguiente:

- Son más delicadas que en las anteriores, por lo que deben transportarse en fundas aptas que eviten golpes y arañazos.
- Poseen visor óptico. La imagen que se ve a través de este es la misma que captura la cámara.
- El tamaño del sensor varía en función del modelo, desde un tamaño medio hasta gran tamaño ofreciendo mayor calidad en las fotografías.

- Gran variedad de objetivos intercambiables. Son las cámaras que permiten ajustar un teleobjetivo o telezoom.
- Aunque posee programas base, permite modificar todos los parámetros de la fotografía, independientemente del programa.
- Ofrecen funciones específicas para determinadas situaciones como fotografía a larga distancia, espectáculos o deportiva.

Fig. 8. Algunos modelos de las réflex permiten encajar un objetivo sobre otro para obtener mayores prestaciones

3. Conocimiento acerca de la luz y su tratamiento: flash, luz de ventana y luces y sombras

En el mundo de la fotografía el manejo de la luz es fundamental. Utilizar correctamente y en beneficio la luz proporcionará imágenes diferentes, que transmitan aquello que el fotógrafo desea y con un sello personal.

La iluminación en fotografía es el área encargada de aportar la luz necesaria, ya sea añadiendo o quitando para obtener la fotografía deseada, tanto en calidad como en la transmisión de emociones.

Existen dos tipos básicos de luz que, junto con la sombra, crean las bases de la iluminación fotográfica:

A. Luz natural

Como su nombre indica es la que proviene de la naturaleza, del sol. Este tipo de luz varía en función del momento del día, de la estación y del lugar donde se tome la fotografía.

Es por ello que una misma imagen en dos momentos del día diferentes ofrece dos fotografías totalmente distintas, así:

- **Amanecer y atardecer:** Al encontrarse el sol bajo, la luz es más cálida, con una transición menos marcada entre las zonas de luz y sombras (luz difusa) y en donde las sombras se proyectan más alargadas.
- **Horas centrales:** La luz es más brillante, marcando más la diferencia entre luces y sombras (luz dura) lo que ofrece mayores contrastes.

Fig. 9. Dominar la luz natural para obtener la fotografía deseada precisa de tiempo, práctica y paciencia

B. Luz artificial

Es aquella que se crea mediante lámparas o focos, y puede emplearse tanto en exteriores (como complemento de la luz natural) como interiores e incluso puede asemejar la luz natural. La principal ventaja de este tipo de luz es que no varía en función del momento del día, es continua y estable.

El manejo de esta luz requiere de ciertos conocimientos previos que permitan sacarle el máximo partido, además, suponen un coste elevado.

Fig. 10. Existe una variedad inmensa de aparatos de luz artificial y cada uno ofrece una función o funciones diferentes

C. Sombras

Las sombras son inherentes a la luz y, por lo tanto, indispensables en fotografía, ya que influyen directamente en la imagen final.

Algunas características de las sombras en fotografía son las siguientes:

- Aportan contraste dentro de la imagen, ya sea a un único elemento o a una composición.
- Añaden volumen y tridimensionalidad a la imagen.
- Proporcionan emociones a las fotografías.

- Incluyen sensación de profundidad o relieve.
- Focalizan la atención del espectador en determinados elementos o puntos.

Fig. 11. En este retrato, mediante el empleo de las sombras, la atención se centra en los ojos de la mujer

Para obtener la fotografía deseada no solo basta con escoger la luz o sombras adecuadas, la iluminación fotográfica posee ciertos aspectos que van a determinar o influir en el resultado final.

Aprender a manejar estos aspectos permitirá aprovechar al máximo los tipos de luz mencionados o las sombras:

A. Difusión

Manejando adecuadamente este aspecto o característica de la iluminación se pueden acentuar los contrastes entre luz-sombra:

- **Luz dura:** Se obtiene de fuentes de luz alejadas y pequeñas, como *flashes* o focos o el propio sol. Crea mayores contrastes.
- **Luz cálida o semidifusa:** Al contrario que en el caso anterior, se obtiene de fuentes de luz más grandes y cercanas, propia de atardeceres y amaneceres y

artificialmente se puede obtener mediante el juego de luces y difusores. Provoca más sombras.

B. Temperatura o color

Tonalidad que predomina en la escena o fotografía, se ajusta mediante el modo "balance de blancos" en las cámaras automáticas o con el empleo de diferentes filtros. Se encuentra en estrecha relación con la luz empleada.

C. Dirección de la luz

En función de la distancia a la que se encuentre la fuente de luz, la altura de la misma y el ángulo en el que incida sobre aquello que se vaya a fotografiar se pueden ocultar, resaltar e incluso alterar detalles de la escena, ya que modifican el volumen y la textura de lo fotografiado.

 Anotación

A la hora de realizar fotografías profesionales, en exterior o estudio, se emplean diferentes focos y pantallas para resaltar determinados aspectos del objeto a fotografiar.

4. Composición, el bodegón

En fotografía, la composición se basa en la colocación y organización de los elementos a fotografiar para que el conjunto resulte atractivo a la vista. Tradicionalmente se ha empleado para transmitir en una sola imagen una historia o un mensaje.

Las composiciones tienen un carácter libre, no atienden a reglas concretas, de ahí que la visión y creatividad del fotógrafo cobre un papel decisivo. El aspecto común en todas ellas es que un elemento es el protagonista de la escena y el resto la complementan, pero la colocación de dicho elemento varía en función de la intención y del mensaje.

Es importante señalar que existen ciertos patrones que sientan las bases de las composiciones fotográficas:

A. Regla de los tres tercios

La escena se divide en nueve secciones iguales y el elemento principal se sitúa en una (o varias) de ellas, de tal forma que el resto queden vacías o completen la escena con elementos secundarios.

 Anotación

Mediante esta técnica es común que la mayor parte de la escena quede vacía.

B. Equilibrio o balance

A la hora de realizar una composición es fundamental que exista equilibrio en ella. Cuando un elemento tiene mayor peso visual que el resto hay que tener en cuenta la gama cromática empleada, la forma de los elementos, el espacio que ocupan y el orden en que están dispuestos.

C. Líneas de horizonte

Similar a la regla de los tres tercios. En este caso la imagen se divide horizontalmente en tres partes iguales, en función del peso que se le quiera otorgar a un elemento éste ocupara una o dos de las tres partes.

Fig. 12. En esta imagen el elemento de mayor peso es la pasarela

D. Color

Es innegable que los colores influyen en las emociones de las personas. Dependiendo de los colores que se empleen en la composición se puede dirigir al espectador hacia una emoción u otra. Utilizar colores opuestos o de la misma gama cromática también influirá en las emociones del espectador y transmitirán un mensaje u otro.

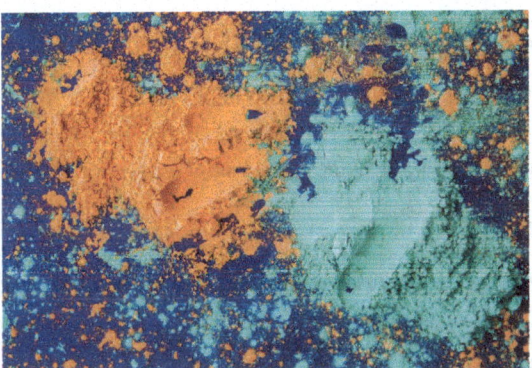

Fig. 13. Los colores complementarios ofrecen mayor sensación de armonía

E. Fondo

Es el aspecto más olvidado o al que menos atención se le presta a la hora de realizar una composición. El fondo debe ayudar a contar la historia o transmitir el mensaje de la composición, además de servir para resaltar los elementos de la misma.

El bodegón es la composición por excelencia. Tradicionalmente ha estado asociado a comida, flores o naturaleza muerta. Sin embargo, no solo se ciñe a esto. Los bodegones pueden ser con elementos naturales, vivos o muertos (flores en un jarrón o un frutero) o materiales (desde libros a menaje de cocina) e incluso la combinación de ambos.

Al igual que en el resto de tipos o clases de fotografía lo importante es saber qué se quiere transmitir y mediante qué objetos, así como si habrá elementos principales o contarán todos con el mismo peso, para ello hay que:

- **Escoger el objeto o elementos principales:** En primer lugar, hay que saber qué objeto (o cuáles) va a ser el centro de la imagen, el que mayor peso tenga y cuáles van a acompañarlo. Para ello es necesario tener una idea previa, saber qué se quiere mostrar.

- **Elegir el fondo:** Como se ha visto, el fondo tiene un papel decisivo en una composición, ya que va a permitir que la imagen tenga armonía en su mensaje. Se pueden emplear diferentes superficies (mesas, el propio suelo, etc.) o realizar el bodegón en un fondo blanco y agregar posteriormente el fondo mediante programas informáticos.

- **Iluminación:** La luz artificial y la combinación entre tonos de luz va a permitir tener un mejor resultado que si se emplea la luz natural, al tratarse de objetos inanimados. Jugar con luces cálidas y frías dará a la escena mayor profundidad.

- **Materiales:** No es necesario contar con materiales de alta gama ni con una gran variedad de ellos, pero sí es necesario tener algunos para que el resultado sea de mayor calidad:
  - Mesa o superficie donde colocar los elementos.

o   Objetivo de focal media: permite captar la escena a cierta distancia sin perder calidad y con la posibilidad de utilizar zoom.

o   Flash externo: Se incorpora a la cámara y permite jugar con la luz.

o   Trípode: Para fotografiar bodegones o composiciones es fundamental que la cámara se encuentre en una superficie estable y con altura regulable para captar la imagen desde diferentes alturas.

5. Manipulación de diferentes modelos de cámaras y equipos fotográficos

Hay que tener en cuenta que la fotografía gastronómica presenta una serie de dificultades propias puesto que se basa en capturar o fotografiar alimentos (y composiciones) y presentarlos de forma atractiva.

No existe una cámara destinada únicamente a este tipo de fotografía, de hecho, la elección de cámara es una decisión personal que se basa en gustos particulares. Aun así, se va a exponer una serie de consejos a la hora de escoger cámara.

A pesar de no ser requisito indispensable el empleo de una cámara profesional, hay ciertas cámaras que gracias a sus características son idóneas para este tipo de fotografía:

- **Resolución:** Cuanto mayor resolución tenga la cámara mayores detalles como las texturas captará. A mayor resolución mayor calidad.
- **Sensor:** Al igual que ocurre con la resolución ha de ser un sensor de gran calidad. Cuanto mayor sea el sensor más luz captará, de esta forma incluso con poca luz la calidad de la imagen será mayor.
- **Manual:** Es necesario poder adaptar los aspectos técnicos de la cámara a las necesidades de cada escena. Una cámara manual permitirá ajustar todos los modos a cada momento.
- **Objetivos intercambiables:** La posibilidad de añadir objetivos a la lente permitirá captar imágenes con mayor detalle y en diferentes perspectivas y encuadres.

- **Enfoque:** Es fundamental que la cámara enfoque en un espacio de tiempo muy breve. En la fotografía gastronómica se realizan fotografías mientras se cocinan alimentos, por lo que si la cámara tarda en enfocar se puede perder una gran imagen.

Fig. 14. Si la cámara no enfoca rápidamente no se fotografía el momento en que todos los ingredientes se encuentran en el aire

Teniendo como base estas características, las cámaras que mejor se adaptan a la fotografía gastronómica son:

- **Canon EOS 5D Mark IV:** Cámara réflex SLR, con un gran rendimiento en entornos con poca luz. Posee un sensor *full-frame* que permite captar gran cantidad de detalles. Además, tiene una amplia variedad de objetivos intercambiables y ofrece la posibilidad de enfoque automático de gran rapidez y precisión.
- **Nikon D850:** Una de las cámaras por excelencia para fotografía gastronómica. Su sensor *full-frame* es de mayor tamaño que en la cámara anterior. También posee un sistema de enfoque automático. La principal ventaja es su abanico de rangos ISO.
- **Sony Alpha A7R:** Se trata de una cámara de tipo MILC cuyo sensor es aún mayor que en las anteriores. La diferencia entre su sistema de enfoque automática y el de las anteriores es que permite realizar capturas en ráfaga, esto junto con su sistema de estabilización permite captar fotografías de gran calidad en movimiento. Este sistema hace que sea la cámara por excelencia para la fotografía gastronómica.

Además de escoger la cámara que mejor se adapte a los que se necesite y en función del trabajo que se va a desempeñar, es necesario contar con una serie de elementos o equipo que faciliten captar cada imagen y que, además, sean de calidad:

- **Trípode:** Ofrecen estabilidad a la hora de realizar fotografías. A más estabilidad mayor nitidez, lo que permite apreciar mejor, entre otros aspectos, las texturas.
- **Objetivos:** Los objetivos ofrecen la posibilidad de realizar fotografías con diferentes profundidades de campo, lo que permite capturar hasta los detalles más pequeños o fotografiar una escena de mayor tamaño.
- **Reflector y difusor:** Permiten reflejar la luz de los focos y flashes para acentuarla en un punto determinado de la imagen, otra funcionalidad es la de acentuar o disminuir los contrastes y las sombras.
- ***Atrezzo*:** En el mundo de la fotografía el *atrezzo* es fundamental para completar una imagen. Dentro de la fotografía gastronómica los más comunes son las vajillas con diferentes colores, tamaños y formas, tablas de cortar (se pueden emplear para colocar sobre ellas los platos), menaje de cocina (ollas, sartenes, cucharas, palas, salero, etc.) y un vaporizador (vaporizar agua sobre frutas y verduras les otorga mayor frescura).

6. Preparación de la escena a fotografiar

La principal particularidad de la fotografía gastronómica es que, además de realizar las fotografías, es necesario crear escenarios donde la comida resulte atractiva y en los elementos guarden relación unos con otros, es decir, todo lo que aparezca sirva para crear una única receta.

Es imprescindible que en las fotografías la comida aparezca apetitosa y fresca para que el espectador quiera consumirla.

La imaginación y creatividad del fotógrafo influirá mucho en ello, y algunos consejos para lograrlo son:

A. Inspiración

Se tenga más o menos experiencia en este campo es necesario buscar fuentes de inspiración para crear el escenario idóneo. Gracias a internet se pueden buscar imágenes o fotografías que ayuden a diseñar la imagen final.

Fig. 15. En internet existen multitud de fotografías de todo tipo que pueden servir como inspiración o punto de partida para el propio trabajo

B. Ingredientes frescos

Requisito indispensable para fotografiar comida. Los alimentos deben encontrarse perfectamente y transmitir sensación de frescura.

Si el pescado o la carne tienen varios días su aspecto no será tan llamativo.

C. Escoger una temática

Una vez se tienen los alimentos a fotografiar y una idea de cómo se compondrá la imagen es momento de pensar en los elementos secundarios que van a permitir contar una historia a través de la fotografía.

Ejemplo

Si se fotografía un guiso o una sopa, añadir objetos como bufandas, guantes, una vela u hojas, va a crear un clima acogedor.

D. Escoger el fondo

Los mejores aliados para la fotografía gastronómica son los fondos neutros, tanto en color como en estampado o dibujo. Estos fondos encajan con cualquier gama cromática y hacen que los alimentos de colores vivos resalten.

Las encimeras claras o superficies de madera son fondos idóneos para fotografiar alimentos. También se pueden añadir mediante programas informáticos.

Fig. 16. Las superficies claras resaltan el color de los elementos

E. Elementos secundarios

El menaje de cocina es imprescindible en estas fotografías. Contar con utensilios de diferentes materiales (silicona, madera, metal...) va a facilitar la labor, ya que se pueden combinar entre ellos generando contrastes.

Los trapos de cocina, las salsas, hierbas aromáticas y especias son complementos perfectos para cualquier composición.

F. Luz y perspectiva

Jugar con la luz hará que resalten texturas y se creen sombras más o menos acentuadas. La perspectiva, el ángulo de la fotografía, logrará que unos alimentos resalten sobre otros o que se vean todos al mismo nivel.

G. Elementos extra

Al igual que ocurre en cualquier otro tipo de fotografía, existen trucos que harán que la comida se vea más apetecible o fresca:

- Vaporizar agua sobre frutas y verduras les dará un aspecto de mayor frescura.
- Untar aceite en las carnes y pescados hará que se vean más jugosos.
- Esparcir una pizca de harina en fotografías de masas y repostería dará la sensación de recién hechas.

H. Limpieza

Salvo que esparcir algún ingrediente forme parte de la escena, todo debe verse limpio y brillante, tanto las superficies como la vajilla. Incluso los alimentos deben transmitir esa sensación.

I. Cantidad justa en el plato

Rellenar los platos con mucha comida genera sensación de agobio, desorden y falta de limpieza en la imagen. Es importante que se vea claramente la vajilla utilizada y que los ingredientes se encuentren debidamente espaciados entre ellos para apreciarlos con claridad.

J. Agilidad

Las fotografías deben realizarse justo tras el emplatado, esperar demasiado tiempo puede hacer que los alimentos se sequen, derritan o pierdan color y se vean menos tersos y crujientes.

7. Elaboración y preparación de un plato /receta para fotografiar

Además de fotografiar alimentos con bodegones o composiciones, la fotografía gastronómica engloba la fotografía de preparación de platos o recetas, así como su emplatado.

En el campo de la gastronomía, la preparación de ingredientes para su posterior uso en cocina recibe el nombre de mise en place. Esta técnica consiste llevar a cabo todas las acciones de preparación y organización, tanto de ingredientes como de herramientas y utensilios necesarios para poder elaborar una receta.

 **Importante**

Preparar y organizar todo lo relativo a una receta: ingredientes y utensilios, va a permitir elaborarla de forma más eficiente y responder rápidamente ante contratiempos.

Gracias a esta técnica la elaboración se divide en distintas fases o puntos, en los que los ingredientes y el menaje a emplear se colocan en el área de trabajo. Esto permite que el fotógrafo pueda captar todos los componentes de una receta sin alterar el ritmo de trabajo del cocinero, además de ir capturando los momentos de elaboración de la misma.

La vajilla es un elemento decorativo fundamental en la fotografía gastronómica. Puede servir como punto de partida para crear la composición, ya que el empleo de un tipo u otro de vajilla, ya sea en color, tamaño y forma, va a suponer que la fotografía posea armonía entre sus elementos o no.

Fig. 17. Combinar colores, formas y elementos decorativos permite hacer un plato más atractivo visualmente

Una vez la receta se ha elaborado, es momento de emplatar la comida. Para ello hay que tener ciertos aspectos en cuenta si se quiere obtener una imagen adecuada:

- **Equilibrio y armonía:** Es importante que cada alimento tenga su lugar en el plato. No se trata de dejar grandes espacios entre cada uno, sino más bien de colocarlos de forma correcta para que no queden agolpados. Fotografiar un plato con los ingredientes debidamente separados o distanciados y las salsas en pequeños recipientes hará que sea más atractivo a la vista.
- **Proporciones y dimensiones:** Hay que tener en cuenta qué alimentos o ingredientes se quieren destacar.

- **Decoración:** Pese a que la forma de colocar los alimentos ya supone la decoración del plato en sí misma, en ocasiones se incluyen elementos decorativos (comestibles) como hierbas o flores, que ofrecen un punto diferenciador al plato y completan el conjunto visual.

A la hora de decorar el plato, la limpieza es un aspecto fundamental. Es importante asegurarse de que los bordes de éste queden totalmente limpios, es decir, sin manchas ni restos de salsas o de los ingredientes.

8. Realización de fotografías gastronómicas (Platos, tapas, productos, bodegones, vajilla, bebidas...etc.)

Como se ha visto en otros epígrafes, en el campo de la fotografía los gustos personales influyen en el resultado final, ya sea por cómo se organiza escena o por los ajustes técnicos que se empleen para tomar la fotografía. Aunque eso es cierto, también lo es que en prácticamente la totalidad de las creaciones parten desde los mismos puntos base.

La fotografía gastronómica no es una excepción. Quizás en ella es donde más necesaria sea la creatividad e imaginación del fotógrafo, puesto que dar la sensación de vida y frescor con alimentos.

Partiendo de los principios básicos que se han visto al comienzo de la unidad, se va a desarrollar cómo influyen los aspectos técnicos en la fotografía gastronómica:

- **Apertura del objetivo:** Si el número de apertura es bajo se enfoca una parte del alimento o de la composición, quedando el resto fuera de la fotografía. Cuanto mayor es el número más escena o alimentos se pueden captar, aunque se pierdan detalles concretos.

- **Velocidad de obturación:** Varía en función de si se desea capturar imágenes de elementos en movimiento.
  - **Rápida:** Permite fotografiar salpicaduras o ingredientes cayendo.

- o **Lenta:** Para fotografías sin movimiento.

- **ISO:** Cuanto menor sea el ISO menor será el ruido visual de la fotografía y mayor nitidez tendrá.

- **Punto de vista:** Aquí es donde más entra en juego la creatividad del fotógrafo. Dependiendo del ángulo desde donde se tome la fotografía se pueden tener resultados totalmente diferentes.
  - o **Ángulo de 45º:** Se asemeja a la visión que se tiene de la comida cuando uno se sienta a comer. Es un ángulo natural y cómodo, que permite que la vajilla y los elementos secundarios se vean claramente.
  - o **Cenital:** La fotografía se toma desde arriba, ofrece una visión completa de la escena, lo que permite fotografiar varios platos. Es el punto de vista más utilizado.
  - o **Contrapicado o bajo:** Se capta la imagen desde la superficie donde se sitúan los alimentos. Da la sensación de grandiosidad.

- **Iluminación:** Utilizar la luz en favor propio puede lograr que los alimentos se vean más apetecibles y atractivos. Aunque la luz natural siempre es una buena elección, en el caso de la fotografía gastronómica es mejor invertir en elementos de luz artificial, ya que la mayoría de las fotografías se realizarán en estudios o sitios interiores.

Anotación

La fotografía gastronómica se realiza en su mayoría en interiores como cocinas o estudios fotográficos.

Hay que tener en cuenta que, aunque estas técnicas son de uso común, para la realización de cualquier fotografía gastronómica hay algunas en función de los elementos a fotografiar que presentan ciertas particularidades:

- **Fotografía de platos:**
  - Emplear la vista cenital.
  - Fondos neutros.
  - Trípode con estabilizador para evitar el desenfoque.
  - Aprovechar la luz natural y las fuentes de luz de la habitación.
  - No utilizar zoom ni flash, pueden provocar que la fotografía pierda calidad.

- **Tapas:** Debido a su menor tamaño las fotografías pueden realizarse en ángulo de 45º o en paralelo, para resaltar sus componentes. De igual forma, si se realiza una fotografía con un fondo no neutro o aparecen más elementos en ella se aconseja emplear el desenfoque para centrar la atención en la tapa.

- **Productos:** La fotografía de productos ha pasado de realizarse en estudios fotográficos a realizarla en diferentes situaciones de la vida cotidiana:
  - Emplear un fondo neutro que permita que el producto resalte.
  - Utilizar trípode para evitar que la fotografía se desenfoque.
  - No emplear flash: Si no se usa correctamente el flash genera brillos y puede hacer que el producto se vea más apagado o sin color.
  - Integrar el producto en la vida diaria: La fotografía de producto sino mostrar cómo puede integrarse en el día a día.
  - Emplear el menor número posible de filtros: Los filtros pueden hacer que la fotografía pierda calidad.

- **Bodegones:** Los bodegones son composiciones en las que aparece un elemento principal y otros que complementan la imagen, y para ello:
  - Es necesario contar con un fondo neutro que resalte los colores y contornos del elemento principal.
  - Utilizar menaje y utensilios de cocina de diferentes colores y materiales como elementos secundarios.

- o Emplear fuentes de luz artificial que eviten que la luz se refleje en los elementos, pero que permita que se perciba su textura con calidad y nitidez.

- **Vajilla:** La fotografía de vajilla es similar a la de producto, se trata de emplear fondos sencillos que permitan resaltar el color, forma y tamaño de la vajilla para hacerla más atractiva. Para completar la escena se puede incluir en el plato o recipiente una pequeña cantidad de comida, de esta forma el espectador visualiza cómo quedaría en una mesa.

- **Fotografía de bebida:** La bebida es un producto, por lo que se emplean las mismas técnicas fotografías para captar su imagen. En este caso, es conveniente que la bebida aparezca siendo consumida por un modelo, de esta forma ya está contando una historia y transmitiendo una experiencia. En el caso de bebidas gaseosas, a no ser que se quiera resaltar las burbujas, es conveniente que estas no aparezcan en la imagen.

Fig. 18. Fotografiar una mesa con la vajilla puesta permite que el espectador visualice cómo quedaría en su mesa

Resumen

Para poder realizar fotografías gastronómicas de calidad es necesario tener ciertos conocimientos teóricos que sienten las bases, además de saber cómo emplear estos conocimientos en la práctica para poder sacarle el máximo provecho a cada escena y a la propia cámara.

En función del tipo de foto que se quiera obtener será necesario realizarla en el exterior aprovechando la luz natural y el contraste que ofrece entre luces-sombras o, por el contrario, será mejor realizarla en interior donde se pueden controlar todos los parámetros de la luz.

Si se quiere fotografiar una composición es importante que exista armonía en ella, que los elementos tengan concordancia y sigan una secuencia, además de saber qué objetivo utilizar para que aparezca la composición en su totalidad o solo parte de ella.

Al igual que ocurre con la luz, la composición o el objetivo, ocurre con el resto de parámetros que se pueden controlar en las cámaras. Saber ajustarlos para obtener la foto deseada permitirá crear un sello de identidad propio.

Glosario

F-stop (F)

Valor que indica la apertura del objetivo de la cámara.

Full-frame

Es el sensor de mayor tamaño, lo que permite capturar mayor información y tener imágenes de gran calidad.

MILC

Acrónimo de Mirrorless Interchangeable-Lens Camera. Cámara sin espejo con objetivos intercambiables.

Ruido digital

Alteración en brillo y color de la imagen.

SLR

Acrónimo de Single Lens Reflex. Cámara con un único objetivo.

Ejercicios de autoevaluación

1. La exposición de una fotografía puede definirse como:

    a. La nitidez de la imagen.

    b. La cantidad de luz que capta la cámara.

    c. El ISO.

2. ¿Cuál es el valor que indica la apertura del objetivo?

    a. F.

    b. MILC.

    c. LSR.

3. Las cámaras de mayor tamaño son:

    a. Compactas.

    b. Réflex.

    c. MILC.

4. ¿Cómo afectan el amanecer y el atardecer en las sombras?

    a. Apenas se perciben.

    b. Se proyectan más alargadas.

    c. Se marcan más.

5. ¿Qué elemento proporciona profundidad o relieve a una fotografía?

    a. Las sombras.

    b. La luz artificial.

    c. Los zooms.

6. Luz dura se obtiene de:

   a. Fuentes cercanas y grandes.

   b. Fuentes de luz alejadas y grandes.

   c. Fuentes de luz alejadas y pequeñas.

7. ¿A qué hace referencia la temperatura o color?

   a. Tonalidad que predomina en la escena o fotografía.

   b. El color del elemento principal.

   c. El tipo de luz empleada.

8. En la regla de los tres tercios:

   a. La fotografía se realiza libre.

   b. La escena se divide en nueve secciones iguales.

   c. La imagen se divide en tres secciones horizontales.

9. ¿Cómo influye el fondo en una fotografía?

   a. No es especialmente importante.

   b. Debe resaltar frente a los elementos de la composición.

   c. Debe ayudar a contar la historia o transmitir el mensaje de la composición.

10.¿En qué consiste la mise en place?

   a. Llevar a cabo todas las acciones de preparación y organización.

   b. Preparar recetas mientras realizan fotografías.

   c. No mostrar la preparación de las recetas.

U. A. 2. Realización del revelado

Introducción

Con el paso de los años se ha olvidado de la memoria colectiva el proceso de revelado de fotografías Para ello era necesario emplear una serie de productos químicos, que solo estaban al alcance de los fotógrafos, y utilizarlos en un determinado orden, temperatura y tiempo de actuación.

Con la llegada de la fotografía digital esto se sustituyó por la impresión de las imágenes desde el ordenador, imágenes a las que normalmente se les aplicaba algún tipo de retoque o mejora para obtener los resultados definitivos.

Son muchos los programas que se pueden emplear para llevar a cabo estas técnicas de mejora, y su uso dependerá desde los conocimientos que se tiene de la fotografía y los propios programas, hasta de si se prefieren utilizar de pago o gratuitos.

Objetivos

- Describir el proceso de revelado de fotografías.
- Apreciar los cambios que introdujo la fotografía digital.
- Conocer los principales softwares de edición de fotografías.
- Identificar las principales herramientas de Photoshop.
- Aprender los principales aspectos a modificar en la postproducción de imágenes.
- Valorar los consejos para la presentación de fotografías en redes sociales.
- Iniciarse en Photoshop.

Para empezar

Hasta la llegada de la fotografía digital, en la era de la fotografía analógica, las imágenes que se captaban no se obtenían físicamente mediante su impresión, sino que requerían de un proceso químico para obtenerlas.

Los estudios de fotografía eran los encargados de realizar este proceso, que se detalla a continuación.

Era necesario una habitación totalmente oscura en la que la única luz existente era una bombilla infrarroja. Solo de esta forma no se alteraría el resultado.

Tras extraer el carrete o la película de fotos de la cámara, esta se introduce en la espiral de revelado para, posteriormente sumergirla en líquido de revelado. Una vez el carrete se pasaba a la espiral, esta se introducía en el tanque de revelado y se cerraba.

En función de sí se deseaba revelar las fotografías en blanco y negro o a color, sería necesario emplear un tipo de químicos u otros. Los químicos básicos son revelador, blix, estabilizador y fijador y dependiendo de su presentación (líquidos o polvos). Era necesario disolverlos en una determinada cantidad de agua e ir añadiéndolos en orden.

 Anotación

Hoy día venden los kits de revelado tanto para color como para blanco y negro con las instrucciones precisas, que varían dependiendo de la marca.

Una vez hecha la mezcla y con ayuda de un embudo se introducía en el tanque de revelado, dejando que actuara el tiempo que indicaban los productos.

Transcurrido el tiempo de revelado, el líquido se desechaba y se introducía la solución o el baño de paro, que permitía detener la acción de revelado y que las fotografías no se quemaran. Una vez ha pasado el tiempo indicado, este químico también se desechaba del tanque.

El último químico a añadir era el fijador, que permitía que la imagen quedara en el tono en que se encontraba, a pesar de recibir luz posteriormente. Como en los casos anteriores, el propio producto indicaba la forma y tiempo de empleo.

Para terminar, solo quedaba realizar el proceso de lavado. Simplemente había que rellenar el tanque con agua limpia y vaciar un mínimo de veinte veces.

Terminado el proceso de revelado solo había que secar los negativos. Para ello se colgaban en una cinta o percha en una habitación que posteriormente se cerraba para evitar que entrara el polvo y se incrustara en ellos. El tiempo de secado variaba dependiendo de la temperatura de la habitación.

Tras el revelado podían cortarse los negativos y utilizar una ampliadora fotográfica para transformar los negativos en el tamaño deseado o escanearlos para trabajar con ellos en el ordenador.

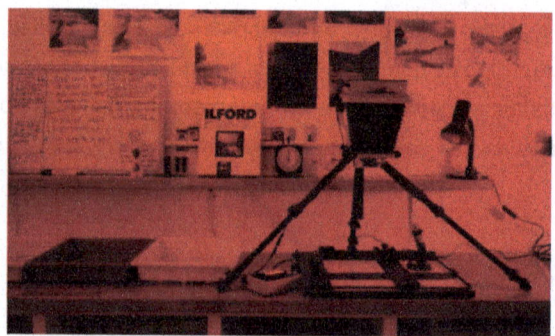

Fig. 1. Amplificadora fotográfica con tanques adyacentes para repetir el proceso químico del revelado

1. Aplicación de tratamientos informáticos en fotografía: el Photoshop

La llegada de la fotografía digital supuso una revolución en el campo de la fotografía. Gracias a las cámaras digitales las imágenes que se tomaban se podían visualizar antes de su revelado, permitiendo realizar los ajustes necesarios en la escena y ahorrando costes al fotógrafo, ya que podía descartar aquellas fotografías que no cumplieran sus estándares de calidad.

Además de esto, introdujo la posibilidad de retocar y modificar aspectos técnicos de la fotografía, desde regular la temperatura del color, hasta acentuar los contrastes o desenfocar elementos de la escena, incluso eliminar imperfecciones o marcar texturas. Estas mejoras o modificaciones se denominan tratamiento de imágenes.

 Vocabulario

Tratamiento de imágenes. Técnica que ofrece la posibilidad de modificar aspectos o parámetros de una imagen para aumentar su calidad u obtener una imagen diferente.

Para realizar estas mejoras se utilizan diversos *softwares* de edición de imágenes. Estos programas han ido evolucionando a lo largo de los años, y se ha pasado de poder retocar únicamente fotografías de cámaras digitales (a través de un ordenador) a poder modificar imágenes en teléfonos móviles o *tablets*.

Dentro del mundo de los *softwares* de edición de fotografías existe un amplio abanico de programas, en función de los conocimientos que se tengan sobre la edición de fotos e incluso se pueden utilizar programas gratuitos o de pago (estos ofrecen mayores funcionalidades).

A continuación, se van a mostrar los *softwares* gratuitos que mayores funcionalidades ofrecen y con un manejo sencillo:

A. Krita

Destinado mayoritariamente a la edición de ilustraciones. Es ideal para personas que se inician en el mundo de la edición fotografía, puesto que permite tener acceso a todas las herramientas de ajustes o retoque a un lado de la pantalla.

B. PhotoScape

Una de las herramientas más completas para la edición de imágenes ya que permite editar desde fotografías hasta textos, con el añadido de poder editar varias imágenes simultáneamente. Entre sus funciones destacan el pincel corrector y la posibilidad de añadir y trabajar con los marcos de la imagen.

Fig. 2. PhotoScape permite aplicar una amplia variedad de filtros, tonalidades, efectos de color, añadir elementos, etc.

C. Artweaver Free

Puede que sea el programa más intuitivo para usar. Posee un mayor número de funcionalidades con respecto a los demás programas, algunas de las cuales son exclusivas como crear capas o variar la paleta de colores. Además, soporta una amplia variedad de formatos además de poder editar fotografías escaneadas.

D. GIMP

Es una alternativa real y gratuita a Photoshop (que es de pago). Entre sus ventajas destaca la posibilidad de esconder las herramientas en los márgenes de la pantalla para trabajar a pantalla completa. Soporta prácticamente la totalidad de formatos, además de una variedad enorme de opciones referentes a filtros y otros aspectos.

Entre todos los editores de imagen que se encuentran en el mercado destaca uno por encima de ellos: Photoshop. Se trata de un editor de pago, cuyas funcionalidades y herramientas permiten realizar todos aquellos ajustes y mejoras que se imaginen, aunque debido a ello requiere de ciertos conocimientos básicos para poder manejarlo adecuadamente.

Fig. 3. Una de sus ventajas es que casi todas las herramientas de trabajo se encuentran en una barra lateral, facilitando su acceso

Dentro de todas las herramientas y funcionalidades que ofrece este *software* existen cuatro que hacen que sea el líder en edición de imágenes:

A. Pincel corrector

Gracias a esta herramienta se pueden eliminar pequeñas imperfecciones de la imagen. Hay que tener en cuenta que es para zonas pequeñas, no dará buen resultado en zonas más amplias.

B. Enfoque y desenfoque

Las fotografías en las que aparecen elementos desenfocados resultan atractivas a la vista y permiten que el elemento protagonista resalte aún más en la imagen.

Fig. 4. En la imagen de la derecha se puede observar como el interior de la granada se encuentra desenfocado, de esta forma el limón capta más la atención

C. Retocar los niveles de luz y color

Para ello solamente es necesario mover las flechas o diales hasta que se encuentre el punto justo de luz y tono que se desee.

Fig. 5. En estos ejemplos se percibe cómo con el ajuste debido de luz la imagen de la derecha se ve más clara

D. Equilibrio de color

Esta herramienta se utiliza para corregir aquellas imágenes en las que la escena global tienda más hacia un color. Ajustando los parámetros se obtiene un color más real o que más se ajuste a lo que se necesita.

Fig. 6. Aumentando la saturación del color se aprecia cómo en la imagen de la derecha estos son más vívidos

2. Realización de la postproducción

La postproducción fotográfica es la parte final de un proyecto de fotografía. Es en esta última fase donde se realizan los ajustes y mejoras necesarias para lograr el resultado definitivo, el deseado.

En primer lugar, se hace una selección de aquellas fotografías que mejor muestran la idea que el fotógrafo tenía en mente, es decir, aquellas que mejor transmiten el mensaje, las emociones o la historia que se pretenda contar. Es sobre estas imágenes sobre las que se realizan las mejoras para que el resultado sea óptimo.

Fig. 7. Escoger las imágenes finales supone examinar con detenimiento cientos de fotos

Los gustos personales del fotógrafo, así como su experiencia, son decisivos para elegir qué mejoras se llevan a cabo. Se trata de un trabajo duro en el que los cambios que se efectúen han de hacerse de forma sutil, no pueden apreciarse a simple vista los cambios de forma (acentuación de las líneas curvas) o la marcación de sombras (para generar profundidad), entre otros.

Esta fase se lleva a cabo mediante los *softwares* de edición de imágenes, algunos de los cuales se han visto en epígrafes anteriores. Cuantos mayores sean los conocimientos sobre edición de imágenes mayor rendimiento se obtendrá de estos programas, lo que repercute directamente en una mejora de la calidad del trabajo final.

 **Saber más**

Algunos programas son exclusivos de una determinada marca de productos informáticos.

Los aspectos clave que se modifican y ajustan en esta fase son:

- **Exposición:** Se realizan ajustes en el balance de blancos para corregir la exposición de la imagen, que no haya quedado excesivamente clara u oscura. Hay que realizar los ajustes milimétricamente, ya que si no el resultado quedaría extraño a la vista.

- **Ajustar el contraste:** Se valora si es necesario acentuar las zonas de transición entre luces y sombras o, por el contrario, se suaviza esta transición para dar continuidad a la escena.
- **Iluminación:** A pesar de haber empleado los elementos auxiliares necesarios y controlar las fuentes de luz, es común que en el momento de visualizar la fotografía haya secciones que hayan sido resaltadas de la forma en que se deseaba.
- **Temperatura de color:** En esta fase es común querer comprobar cómo hubiera quedado la misma imagen con el empleo de otra luz (natural o artificial). Esto permite acentuar la luz cálida para que los tonos sean más amarillentos o anaranjados o acentuar la luz fría, donde resaltan más blancos o azulados.
- **Matiz:** Sirve para corregir los colores dominantes en la escena.
- **Saturación e intensidad:** El ajuste de ambas opciones permite obtener colores más vívidos y llamativos o todo lo contrario (apagados).
- **Recorte:** Permite ajustar las líneas y horizontes para eliminar zonas de la imagen no deseadas y permitir un mejor encuadre. Se pueden eliminar objetos o mover de ubicación.

3. Aplicación de técnicas de presentación

Iniciarse en el mundo de la fotografía es confuso y complicado. Se trata de un campo en el que predomina el lenguaje técnico y cada parte o aspecto que lo engloba tiene su propio nombre para identificarlo.

Puede que existan tantas técnicas de presentación fotográfica como fotógrafos existen o han existido, pero al igual que ocurría en otros aspectos del campo, existen algunas comunes o básicas que todo buen profesional debería conocer. Otra ventaja es que estas técnicas sientan las bases para poder desarrollar las propias o investigar y probar con otras más avanzadas.

Las técnicas de presentación fotográfica que sirven como punto de partida para el resto, es decir, que sientan las bases de las demás, pueden dividirse principalmente en dos grupos:

A. Basadas en la luz

La iluminación es el pilar de la fotografía, sin luz no sería posible capturar imágenes.

Por ello, es tan importante aprender a controlar la iluminación, así:

1. Clave alta

Lo primordial en esta técnica son la luz y los fondos blancos. Se emplea para transmitir pureza, limpieza o felicidad y alegría, su intención es transmitir emociones positivas. Para realizar este tipo de fotografías es necesario:

- Mínimo dos focos grandes que llenen la escena de luz.
- Fondos blancos. Puede ser con telas, superficies como mesas o encimeras o emplear cartulinas.
- Trípode para evitar movimientos involuntarios sobre la cámara.
- Ajustes de la cámara. Los ajustes indispensables son una apertura grande (f/5.6) y un ISO de 100.

2. Clave baja

Juega con la oscuridad, las sombras, para transmitir misterio y elegancia. Algunos consejos para ponerla en práctica son:

- Fondos oscuros, lisos y sin brillos, evitando que la luz pueda reflejarse.

- Emplear la luz mínima y necesaria para realizar la fotografía. Los focos deben estar situados estratégicamente para que iluminen solo las partes que se deseen. Controlar la intensidad del flash contribuirá al existo de la imagen.
- Ajustes de la cámara: En este caso no hay recomendaciones específicas, hay que realizar los ajustes precisos para que la cámara capte la menor luz posible pero que, a su vez, permita distinguir los elementos.

3. Fotografía de larga exposición

Básicamente es aquella en la que la velocidad de obturación o el tiempo de exposición es alto y elevado. Se lleva a cabo cuando no hay una cantidad de luz suficiente que permita captar los detalles nítidamente. Aunque es más común realizarla en fotografías nocturnas, también se emplea en diurnas.

Algunos consejos en este caso son los siguientes:

- Trípode para estabilizar la cámara, ya que no se trata de una fotografía rápida.
- Disparador remoto o temporizador, así no será necesario tocar la cámara lo que podría afectar a la nitidez de la imagen.
- Linterna o foco pequeño para enfocar partes de la escena.
- Filtro ND, si hubiera mayor cantidad de luz de la necesaria.
- Objetivos angulares, dependiendo de la distancia a la que se encuentre lo que se quiera captar.
- Velocidad de obturación baja. Permite captar el movimiento de los elementos.

4. Fotografía en movimiento

En estas fotografías se juntan velocidades lentas, movimiento de la cámara y elementos en movimiento. Es una técnica relativamente compleja y requiere paciencia y práctica. Algunos consejos para ponerla en práctica son:

- **Colocación:** Para realizar la fotografía es necesario que el fotógrafo se coloque en un lugar desde el que pueda seguir el movimiento con su cámara.
- **Ajustes de la cámara:** Es imprescindible que permita realizar ajustes manuales. La velocidad del obturador debe situarse entre 1/20 y 1/60.
- **Iluminación:** Lo ideal es trabajar en entornos con luz media, para que al utilizar velocidades medias las fotografías no salgan sobreexpuestas. En situaciones con mucha luz lo recomendable es emplear una profundidad de campo alta, aunque el fondo saldrá menos desenfocado no alterará demasiado la imagen final.

 Anotación

Si la velocidad del obturador es muy rápida toda la escena se mostrar fija, y si es muy lenta todos sus elementos saldrán en movimiento.

B. Basadas en la apertura de la lente o diafragma

Mediante esta técnica no solo se controla la cantidad de luz que capta el sensor, sino que además se controla la profundidad de campo y el desenfoque.

1. BOKEH

Esta técnica permite desenfocar parte de los elementos de una fotografía sin perder calidad en el resultado.

Fig. 8. Esta técnica es empleada mayoritariamente en retratos y en fotografías con luces pequeñas

Para conseguirla hay que tener en cuenta lo siguiente:

- Profundidad de campo muy baja.
- Apertura de diafragma: Utilizar valores bajos (f/1.4 a f/2.8), a mayor apertura mayor desenfoque.
- Distancia focal: Para obtener la imagen deseada es necesario, en primer lugar, realizar pruebas y jugar con las distancias. De forma general, a mayor distancia mayor desenfoque.
- Cuanto mayor sea la distancia entre el elemento principal y el fondo, mayor será el desenfoque.
- La iluminación o puntos de luz deben ser homogéneos, es decir, que no existan fuentes de luz de diversa intensidad.

2. Fotografía hiperfocal

Se emplea para fotografiar paisajes o fotografías urbanas. Básicamente consiste en calcular la distancia mínima de enfoque que permita obtener una mayor profundidad de campo.

Es una de las técnicas fotográficas más complicadas porque requiere realizar una serie de cálculos para encontrar el punto exacto desde el que realizar la fotografía, aunque en internet ya se encuentran tablas con infinidad de resultados. Una vez se ha obtenido el resultado es necesario medir hasta encontrar un elemento que se encuentre a dicha distancia.

Fig. 9. Para tomar esta fotografía se ha medido la distancia desde el árbol hasta el punto donde situar la cámara

4. Mejora de la presentación y de los productos. Utilización de redes sociales

Una de las áreas de la fotografía que ha ido cogiendo fuerza en los últimos años es la fotografía de producto. Este tipo de fotografía se centra captar imágenes de un producto, resaltando ciertos aspectos, para promocionar su venta y consumo.

Para ello se emplean fondos, tonalidades y elementos secundarios que resalten el producto, consiguiendo que sea más atractivo.

La llegada de las redes sociales y su empleo como canal de promoción y venta ha revolucionado este tipo de fotografía. Si bien hasta ese momento los productos se fotografiaban, en su mayoría, en estudios, con las redes sociales esto dejó de ser así.

La fotografía de producto en redes sociales no se limita en colgar o subir fotografías de estos, sino que se basa en mostrar una experiencia y cómo dicho producto puede ser útil en el día a día.

Dentro de las redes sociales existen dos tipos de fotografía de producto:

- **Perfiles de marcas comerciales:** En ellos las marcas publican fotos de sus productos. Pueden ser de estudio, de una campaña publicitaria o de famosos utilizándolos.
- **Perfiles profesionales (famosos) que muestran su día a día:** En este caso, los dueños de los perfiles incluyen los productos que promocionan en su vida diaria y publican fotos con ellos.

Fig. 10. Esta marca de gafas de sol combina la fotografía exclusiva de producto y fotografía de modelos con sus gafas

Es importante tener en cuenta que, en los perfiles de famosos, ellos mismos constituyen una marca. Cuando se hace referencia en redes sociales a que el perfil de una persona y esa persona suponen una marca, se quiere decir que exponen, venden o promocionan un estilo de vida (viajes, ropa, productos, vida social y familiar, etc.) asociado a su propia imagen. Estos perfiles se denominan *influencer*.

Vocabulario

Influencer. Personas con fama dentro de las redes sociales (también puede tenerla fuera de ellas) y que influye en las decisiones personales (estilo de vida y compras) de otras personas mediante la exposición y promoción de estilos de vida o productos en sus redes sociales.

Hay que ser conscientes de que si un producto no se promociona en redes sociales difícilmente logrará obtener los beneficios de venta esperados, ya que prácticamente la totalidad de la población posee una o varias de estas plataformas y les dedica un porcentaje bastante amplio de su tiempo diario.

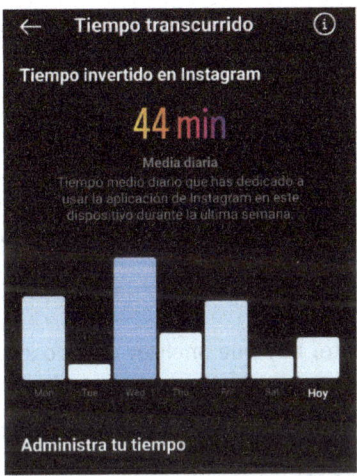

Fig. 11. Algunas redes sociales, como Instagram, te muestran el tiempo diario que se le dedica

Para promocionar un producto en redes sociales, ya sea mediante el perfil de la marca o de un *influencer*, existen ciertas estrategias básicas que permitirán una adecuada promoción:

A. Elegir la plataforma correcta

Cada plataforma tiene un público mayoritario y todas poseen opciones de publicidad. Hay que analizar el público que se encuentra en cada red social y cuál es aquel que mejor se identifica con el producto, aquel que es realmente un cliente potencial y destina la mayor parte de la promoción a esa red social.

Ejemplo

Los menores de 20 años poseen TikTok y, sin embargo, ninguno de ellos tiene perfil en Facebook. Ocurre al contrario con los mayores de 50 años.

B. Planificar las publicaciones

Es falsa la creencia de que para darse a conocer es necesario generar contenido constantemente. Cuando esto sucede el contenido es de baja calidad y no capta la atención del público.

Para hacerlo de forma eficiente, hay que analizar cuándo interactúan más los usuarios con el perfil de la marca o del *influencer* y publicar contenido dentro de esa franja horaria. Además, es necesario planificar las publicaciones, dedicar tiempo a prepararlas y emplear los *hashtags* correctos.

Anotación

Los *hashtags* permiten que las publicaciones aparezcan cuando una persona interacciona con uno específico.

C. Interaccionar con los seguidores

Las publicaciones deben permitir que los seguidores interactúen con el perfil, es decir, que sean parte activa. Una opción es realizar directos, encuestas, permitir que realicen hagan preguntas, etc., todo ello con la promoción como telón de fondo.

Fig. 12. Interaccionar con los seguidores hará que los seguidores del perfil aumenten

D. Construir una comunidad

Dentro de las redes sociales se busca el sentimiento de pertenencia a un grupo, estar conectado con personas que comparten los mismos intereses, gustos o valores. Convertir el perfil en una comunidad propiciará mayores interacciones y ventas.

E. Realizar sorteos

Una forma de aumentar la promoción del producto sin invertir económicamente en ello es realizar sorteos. Además, esto conseguirá obtener publicidad a bajo coste.

Para ello basta con crear una publicación en la que aparezca el producto que se va a sortear e indicar las normas para participar en dicho sorteo. Las más comunes son seguir al perfil de la marca y al del *influencer* que realice el sorteo (si lo hubiera), nombrar a personas en los comentarios y publicar en la red social de participante dicho sorteo.

Para presentar productos en redes sociales es necesario tener en cuenta los siguientes aspectos:

- Emplear un fondo neutro que permita que el producto resalte: Si la fotografía se toma en la calle es conveniente hacerlo utilizando la fachada de un edificio como fondo.

- Utilizar trípode para evitar que la fotografía se desenfoque.
- No emplear flash. Si no se usa correctamente el flash genera brillos y puede hacer que el producto se vea más apagado o sin color. Para ello es conveniente aprovechar la luz natural o la artificial de la propia habitación.
- Crear una historia. La fotografía de producto para redes sociales no debe limitarse al captar la imagen del producto, sino mostrar cómo puede integrarse en la vida diaria.
- Emplear el menor número posible de filtros. Los filtros pueden hacer que la fotografía pierda calidad, se deben aplicar sólo aquellos que permitan resaltar el producto de la manera más natural posible.

 Anotación

Una foto muy editada no transmite confianza ni en el producto ni en la marca.

5. Manipulación del Photoshop

Como se ha visto al inicio de la unidad, Photoshop es el editor de imágenes por excelencia en el mundo de la fotografía. Este *software* posee numerosas aplicaciones y herramientas que permiten mejorar y editar las imágenes, además de crear una desde cero.

Muchas de estas herramientas precisan de un conocimiento amplio sobre este programa, además de conocimientos más específicos sobre la fotografía y el tipo de imagen que se quiere editar.

Dicho esto, cabe decir que aun así se puede manejar y aprovechar sus funcionalidades sin poseer grandes conocimientos.

A continuación, se va a mostrar un pequeño tutorial para iniciarse en él:

A. Abrir un archivo

El primer paso es abrir el archivo, la imagen sobre la que queremos trabajar. Para ello basta con seguir la ruta "Archivo→ Abrir→ Seleccionar la carpeta de origen → Pulsar sobre la imagen → Abrir".

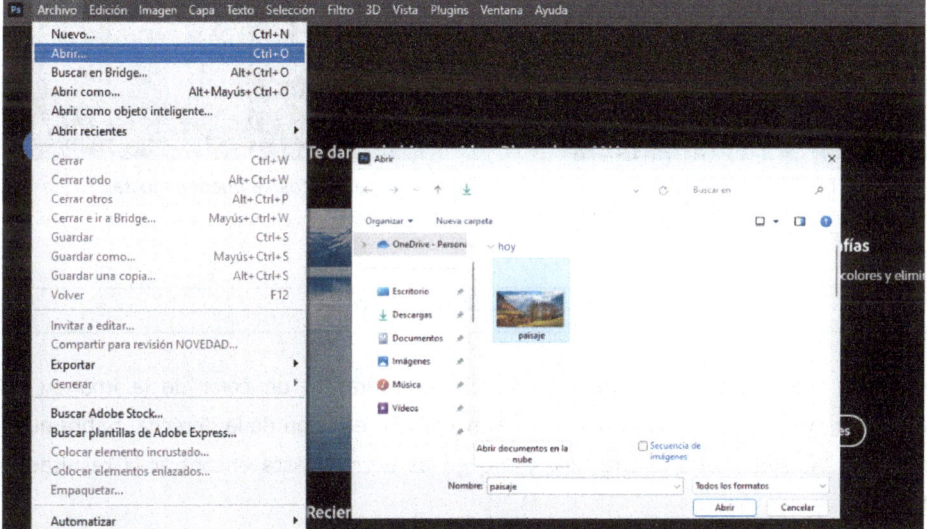

Fig. 13. En la parte izquierda de la ventana emergente aparecerá el listado de ubicaciones del ordenador

B. Recortar

Si se ha captado una imagen demasiado grande, con mucho fondo, esta herramienta permite ajustar el tamaño de la imagen. Bastará con seleccionar el icono de "recortar" en la barra lateral que se encuentra a la izquierda y ajustar los márgenes hasta obtener el tamaño deseado.

Fig. 14. Clicando sobre cada línea blanca del margen, estos se pueden ajustar

C. Saturación y tono

Mediante este ajuste se puede modificar la temperatura de color de la imagen o aumentar la vivacidad de los colores en la misma. En el menú de la derecha, habrá que clicar en "Ajustes→Tono/Saturación" y mover las barras hasta encontrar el resultado deseado.

D. Brillo/Contraste

Con esta opción se puede aportar mayor o menor luminosidad a la imagen, así como marcar más las zonas de luz/sombra. Esta opción se encuentra debajo de la anterior.

Fig. 15. El brillo y contraste suelen modificarse de manera conjunta con la saturación y el tono

E. Borrar imperfecciones con lápiz corrector

Simplemente hay que seleccionar el lápiz corrector en la barra de herramientas de la izquierda y clicar sobre las imperfecciones que se quieran eliminar.

F. Añadir capa

Esta opción permite añadir elementos de otra imagen a la fotografía inicial. Sencillamente habrá que abrir la carpeta donde se encuentra la segunda imagen y arrastrarla sobre la imagen principal de está abierta en Photoshop y ajustarla al tamaño que se desea.

Fig. 16. En el menú de la derecha, pulsando sobre Capas, aparecerán las dos fotografías que se muestran en la parte principal

Junto a cada capa aparece un ojo, y si se pulsa sobre él aparece o desaparece la capa asociada. Seleccionando la capa que se quiera añadir a la principal (la segunda) aparece en el margen inferior derecho varias opciones. El cuadrado con un punto en el centro permite eliminar las partes de la capa que se desean eliminar.

G. Rellenar según el contenido

Herramienta muy útil cuando se quiere eliminar un elemento que aparece en la imagen. Seleccionando la ruta "lazo→ Se delimita el elemento→Clicar con el botón derecho sobre él→ Rellenar según contenido", aparecerá una vista previa y habrá que pulsar "aplicar" para que se genere.

Fig. 17. La herramienta lazo se encuentra en el menú de la izquierda de la pantalla

Resumen

La fotografía digital supuso una gran revolución en el mundo de la fotografía. Se pasó de realizar un número determinado de fotos por sesión y con ajustes tanto de escena como de cámara muy específicos y determinados a poder innovar sobre la marcha y poder introducir elementos o cambios en iluminación o situación.

Todo esto además con la ventaja de poder editar posteriormente las fotografías para eliminar o resaltar aquello que el fotógrafo desee, mediante el empleo de programas informáticos específicos con diferentes funcionalidades.

Aunque la postproducción es prácticamente una ciencia y un correcto manejo determina la propia calidad del fotógrafo y su trabajo. Existen técnicas que son comunes, desde las que parten las demás, que sientan las bases de otras más avanzadas.

Aunque existen numerosos programas, el programa de edición por excelencia es Photoshop, ya que es el que mayores funcionalidades ofrece y mejores resultados proporciona, pero precisa de ciertos conocimientos para poder aprovecharlo realmente.

Glosario

Hashtag

Conjunto de caracteres precedidos por el símbolo #, que permite asociar las publicaciones a un tema concreto.

Marco de una imagen

Elementos que rodean el elemento principal de la fotografía.

Tratamiento de imágenes

Técnica que ofrece la posibilidad de modificar aspectos o parámetros de una imagen para aumentar su calidad u obtener una imagen diferente.

Software de edición de fotografías

Programa informático que permite realizar mejoras en imágenes.

Velocidad de obturación

El obturador se encuentra delante del sensor y su velocidad de apertura determina el tiempo en que el sensor recibe luz.

Ejercicios de autoevaluación

1. ¿Cómo debe encontrarse la habitación donde se realiza el revelado de carrete?

    a. Oscura.

    b. Con luz fuerte.

    c. Con luz tenue.

2. GIMP es un software de edición de imágenes:

    a. Gratuito.

    b. Pago.

    c. Ambas son correctas, depende de las funcionalidades que integre.

3. ¿Para qué se utiliza la herramienta equilibrio de color?

    a. Para agregar colores y eliminar tonalidades.

    b. Para eliminar tonalidades.

    c. Para corregir aquellas imágenes en las que la escena global tienda más hacia un color.

4. La postproducción fotográfica es:

    a. La fase intermedia de un proyecto.

    b. La fase final de un proyecto.

    c. Puede llevarse a cabo en cualquier momento.

5. ¿Quién es el encargado de realizar la posproducción fotográfica?

    a. La persona que encarga el proyecto.

    b. Un profesional independiente.

    c. El fotógrafo de la sesión.

6. Editar fotografías supone un trabajo de:

a. Horas.

b. Minutos.

c. Depende de la edición.

7. ¿Qué es necesario para llevar a cabo la postproducción?

a. Programas y herramientas informáticas específicas.

b. Un programa del propio fotógrafo.

c. No hay programas específicos para ello.

8. ¿En qué consiste la técnica de clave baja?

a. Juega con las sombras.

b. Juega con las luces.

c. Realiza fotografías desde la base de la superficie.

9. La fotografía de producto en redes sociales se basa en:

a. Publicar fotografías.

b. Depende del perfil.

c. Transmitir una experiencia.

10.¿Qué se obtiene con el BOKEH?

a. Permite desenfocar parte de los elementos de una fotografía perdiendo calidad en el resultado.

b. Desenfoca la imagen en general.

c. Permite desenfocar parte de los elementos de una fotografía sin perder calidad en el resultado.

U. A. 3. Postproducción de fotografía digital

Introducción

Gracias a los avances tecnológicos se pueden llevar a cabo los ajustes necesarios para que la fotografía o fotografías que se han realizado queden perfectas.

Los programas y herramientas informáticas permiten que los fotógrafos puedan presentar sus proyectos tal y como ellos los habían ideado, resaltando los aspectos que de otra forma no es posible y eliminando aquellos que no son necesarios en el resultado final.

Se trata de un trabajo duro, en el que los fotógrafos han de dedicar horas y poseer ciertos conocimientos si se quiere el mejor resultado.

Objetivos

- Apreciar el valor de la postproducción en fotografía.
- Conocer en qué consiste el trabajo de postproducción.
- Identificar aspectos básicos para la fotografía gastronómica en redes sociales.
- Valorar el empleo de formato adecuado para la fotografía en redes sociales.

1. Postproducción de fotografía digital

La postproducción fotográfica es la fase donde se realizan los ajustes y mejoras necesarias para tener el resultado definitivo, el deseado.

Existen multitud de técnicas que pueden aplicarse en esta fase y multitud de programas para llevarlas a cabo, pero de forma general, existen una serie de pasos básicos que sirven de punto de partida para el resto de ediciones o mejoras:

- Elegir el *software* de edición con el que más cómodo se encuentre el fotógrafo y conozca sus funcionalidades.
- Abrir el archivo a editar, escogiendo entre los formatos que admite el programa.
- Ajustar la exposición y el balance de blancos. De esta forma se obtendrá un buen equilibrio entre las luces y las sombras, permitiendo que los detalles que sean necesarios en la fotografía queden nítidos.
- Recortar la imagen y enmarcar el objeto principal. Para ello hay que ajustar el tamaño, eliminando aquellas zonas exteriores que no aportan a la imagen final. Con el enmarcado se permite resaltar el elemento principal.
- Ajustes de saturación y tono. Así se resaltarán los colores del elemento principal y se captará mejor la atención del espectador. Con la temperatura de tono se consigue unificar la tonalidad de la escena creando armonía.
- Brillo y contraste. Para marcar y hacer resaltar algunos elementos sobre otros.
- Eliminar imperfecciones. Todos los *softwares* de edición presentan la herramienta de pincel o borrador, que permite eliminar imperfecciones o texturas no deseadas en los elementos. Dentro de estas imperfecciones se encuentran los ojos rojos, comunes en fotografías con flash a personas con ojos claros.
- Añadir filtros. Entre el catálogo de filtros que ofrecen estos programas se puede aplicar aquel o aquellos que permitan completar la imagen, que hagan que esta se vea completa.

Fig. 1. La elección de software es personal, tiene que ser aquel en el que el fotógrafo se sienta cómodo y seguro

Anotación

Cuando no se domina el *software* o no se tienen muchos conocimientos sobre la edición de imágenes, los filtros preinstalados sirven de gran ayuda.

Los principales programas que pueden usarse para realizar estas ediciones son:

A. Krita

Destinado mayoritariamente a la edición de ilustraciones, es el programa por excelencia para trabajar con ilustraciones y dibujos.

Cuenta con diferentes filtros, modos de difusión, ayuda para realizar dibujos, etc. Es ideal para personas que se inician en el mundo de la edición fotográfica, puesto que permite tener acceso a todas las herramientas de ajustes o retoque a un lado de la pantalla.

B. PhotoScape

Una de las herramientas más completas para la edición de imágenes, ya que permite editar desde fotografías hasta textos, con el añadido de poder editar varias imágenes simultáneamente. Entre sus funciones destacan el pincel corrector y la posibilidad de añadir y trabajar con los marcos de la imagen.

Fig. 2. Sus filtros y efectos de color permiten crear imágenes increíbles

C. Artweaver Free

Puede que sea el programa más intuitivo para usar. Posee un mayor número de funcionalidades con respecto a los demás programas, algunas de las cuales son exclusivas como crear capas o variar la paleta de colores.

D. GIMP

El editor de fotos gratuito con mayores prestaciones y funcionalidades, similares a las de Photoshop. Entre sus ventajas destacan la posibilidad de soportar prácticamente la totalidad de formatos, amplio abanico de filtros y herramientas de gran precisión.

Anotación

Todos los complementos diseñados para Photoshop también se encuentran en este *software*.

E. Photoshop

Editor de imágenes por excelencia. Se trata de un editor de pago, cuyas funcionalidades y herramientas permiten realizar todos aquellos ajustes y mejoras que se imaginen, aunque, debido a ello, requiere de ciertos conocimientos básicos para poder manejarlo adecuadamente.

Fig. 4. Sus funcionalidades y precisión en la edición hacen que sea el favorito de los grandes fotógrafos

1. Presentación de fotografías gastronómicas en redes sociales

Las redes sociales se han convertido en las plataformas que permiten llegar a un mayor número de personas, es decir, a una mayor audiencia. Estas plataformas son el mejor escenario para publicitar el trabajo de un fotógrafo, gracias a que permiten que en cada publicación se nombren a todas las personas que han colaborado en su desarrollo, cosa que en la publicidad tradicional no pasa.

De igual forma que tiene un lado positivo, también posee uno negativo. Debido al gran número de personas que lo utilizan como plataforma para promocionar su trabajo, es realmente importante que las fotografías que se muestren tengan unos estándares de calidad elevados.

La fotografía gastronómica en redes sociales no se limita en colgar o subir fotografías de los platos que van a consumirse, sino que se basa en mostrar una experiencia y cómo esa experiencia ha influido a lo largo del día.

Dentro de las redes sociales existen dos tipos de fotografía gastronómica:

- **Perfiles profesionales del sector de la alimentación:** Bares y restaurantes, cuentas de recetas, tiendas de alimentación, etc.
- **Perfiles profesionales o no que muestran su día a día:** Es el caso de los profesionales que se centran en la publicidad de productos.

Aunque dependiendo de la campaña publicitaria y del tipo de perfil que suba las fotografías los elementos protagonistas de la composición pueden variar. En redes sociales de forma general lo que prima es el producto que se quiere promocionar, y es lo que ha de ser el centro de toda la atención.

Ejemplo

Normalmente la vajilla junto con el resto de elementos secundarios no son importantes, no es necesario que aparezcan en la imagen.

De forma general, los siguientes consejos permitirán que las fotografías que se muestren en redes sociales posean la calidad adecuada:

A. Utilizar el menor número de filtros posibles

Las propias redes sociales ofrecen la posibilidad de editar las fotos, pese a que la mayoría de las personas suelen agregar alguno de estos filtros para acentuar los contraste o proporcionar mayor luminosidad, en el caso de las fotografías gastronómicas esto puede ser un error, ya que estos filtros tienden a eliminar parte de los detalles.

B. Utilizar la vista cenital para recetas emplatadas

A la hora de publicar fotografías de recetas y de comidas, es importante que el contenido del plato se vea en su totalidad, y más aún si en la misma fotografía se presentan diferentes platos.

Fig. 5. Este es un perfil de cocina en el que se muestran recetas, tanto su elaboración como el resultado final

C. Enfocar

Los alimentos deben aparecer con la mayor nitidez y claridad posibles. El desenfoque debe emplearse únicamente para que el interés se centre sobre el plato o receta.

Fig. 6. El alimento o el plato siempre es el elemento principal y ha de destacar sobre el fondo

D. No cocinar del todo

Los alimentos no han de estar plenamente cocinados para que queden mejor visualmente. Es importante que queden enteros o poco hechos.

 **Ejemplo**

La pasta al dente o la carne en su punto o medio hecha.

E. Tener el teléfono móvil en perfecto estado

La mayoría de las fotografías que se muestran en redes sociales están hechas con el teléfono móvil, por ello es fundamental que el objetivo de la cámara se encuentre limpio y sin arañazos.

Hay que sujetar fijamente el móvil o utilizar trípode con estabilizador para que las fotografías salgan nítidas.

 Anotación

Los trípodes de mano con estabilizador permiten realizar fotografías sin el que movimiento de la mano altere su nitidez.

F. Luz ambiente

No hay que utilizar el flash o luces supletorias, más bien lo importante es aprovechar la luz del momento, ya sea natural o artificial.

Fig. 7. Este perfil emplea sobre todo luz natural, aunque se pueda apoyar en un pequeño foco de luz artificial

G. Emplear el objetivo correcto

En la fotografía para redes sociales, sobre todo aquella que se hace con teléfonos móviles, se tiende a abusar del gran angular o del zoom. Sin embargo, debido al tamaño que pueden tener las fotografías en dichas redes, usar estos formatos indebidamente puede suponer publicar una fotografía de poca calidad.

 Anotación

No es necesario utilizar zoom o acercar el objetivo, con acercar la receta a la lente se consigue el mismo efecto sin perder calidad en la imagen.

H. Utiliza el formato adecuado

Las redes sociales utilizan un formato propio en el que tienden a recortar la fotografía para ajustarla. También presentan la opción de escoger diferentes tipos de formato para obtener el mejor resultado.

I. Realizar fotografías minimalistas

Fotografiar composiciones con muchos elementos va a suponer que ninguno de ellos se aprecie debidamente. Es importante centrarse en el elemento principal únicamente si se quiere obtener una fotografía con detalle.

Fig. 8. Las fotografías con pocos elementos decorativos darán la sensación de más profesionalidad y mayor calidad

Resumen

La postproducción de fotografías ha supuesto un gran avance en el campo de la fotografía. Gracias a él, tanto la persona destinataria del proyecto como el fotógrafo quedan plenamente satisfechos.

Pese a que se utilicen todos los elementos auxiliares necesarios las fotografías no muestran siempre aquello que se quería o se muestra menos acentuado o en menor medida. Gracias a este trabajo eso se puede mejorar.

La fotografía gastronómica para redes sociales supone eliminar muchas de las técnicas que se emplean para otro tipo de soportes. Estas plataformas se basan en la inmediatez, en que algo de la imagen capte rápidamente la atención del espectador y quiera ver y conocer más. Por ello, utilizar composiciones minimalistas para resaltar el plato o el alimento que se quiere mostrar es fundamental.

De igual forma que en otro tipo de fotografía se utiliza la postproducción y se puede jugar con la tonalidad del color o con las luces. En el caso de las redes sociales esto no es conveniente, ya que utilizar filtros puede suponer que la imagen mostrada pierda calidad considerablemente.

Glosario

Enfoque

Permite que los objetos se muestren con nitidez y claridad, no borrosos o desenfocados.

Fotografía gastronómica

Aquella en la que se realizan fotografías de alimentos, ya sean crudos o cocinados y de la preparación de estos.

Luz natural

Proviene de la naturaleza, del sol. Este tipo de luz varía en función del momento del día, de la estación y del lugar donde se tome la fotografía.

Temperatura o color

Tonalidad que predomina en la escena o fotografía.

Trípode

Ayuda auxiliar que permite que el teléfono quede fijo y facilita el enfoque de la cámara. Puede regularse en altura.

Ejercicios de autoevaluación

1. ¿Qué es la postproducción fotográfica?

    a. La fase intermedia de un proyecto.

    b. La fase final de un proyecto.

    c. Puede llevarse a cabo en cualquier momento.

2. Una de las tareas del fotógrafo es:

    a. Escoger el objeto a fotografiar.

    b. Imprimir las fotografías.

    c. La postproducción.

3. Las redes sociales utilizan un formato propio en el que tienden a...la fotografía para ajustarla:

    a. Recortar.

    b. Difuminar.

    c. Ampliar.

4. ¿Cómo se realiza la postproducción?

    a. Programas y herramientas informáticas específicas.

    b. Un programa del propio fotógrafo.

    c. No hay programas específicos para ello.

5. La fotografía gastronómica en redes sociales se basa en:

    a. Publicar fotografías.

    b. Depende del perfil.

    c. Transmitir una experiencia.

6. Para las recetas emplatadas se recomienda:

    a. El ángulo de 45º.

    b. Depende del gusto del fotógrafo.

    c. La vista cenital.

7. ¿Qué truco permite que los alimentos posean mejor apariencia para las fotografías?

    a. Cocinarlos poco tiempo.

    b. Cocinarlos mucho tiempo.

    c. Congelarlos antes.

8. Los trípodes sirven para:

    a. Que las fotografías salgan más nítidas.

    b. Descansar los brazos.

    c. No tienen utilidad concreta.

9. ¿Qué hacen las redes sociales con el tamaño de las fotos para publicarlas?

    a. Nada.

    b. Recortarlas.

    c. Ofrecen la opción de recortarlas.

10. Las composiciones minimalistas:

    a. Permiten que el elemento principal destaque.

    b. No se recomiendan en fotografías para redes sociales.

    c. Solo deben emplearse en fotografías con cámaras.

Aplicaciones prácticas

Aplicación práctica 1. Iniciación a la fotografía

U. A. 1. Aplicación de los contenidos teórico-prácticos

Imagina que trabajas en un estudio de fotografía como ayudante desde hace un año. Viendo que se acerca la navidad y para dar un empujón publicitario al estudio, tu jefe ha decidido impartir cursos de iniciación y así aumentar la clientela para posibles sesiones.

Él iba a ser el encargado de impartir toda la materia, pero le ha salido un trabajo de última hora para el primer día y te ha pedido que seas tú quien imparta al menos el principio de la primera clase.

Elabora un mapa conceptual con los principios básicos de la fotografía y un ejemplo de cada caso.

Aplicación práctica 2. Clasificación de cámaras fotográficas

U. A. 1. Aplicación de los contenidos teórico-prácticos

Existe una amplia variedad de criterios para establecer una clasificación de cámaras fotográficas, que van desde su tamaño hasta si ofrecen la posibilidad de añadir elementos o si son plenamente automáticas, semi o analógicas, etc.

Siguiendo con el ejercicio anterior, para la segunda clase, tu jefe les pidió a los asistentes que trajeran sus cámaras para poder comenzar a practicar con ellas los principios básicos que tú explicaste y cómo poder ajustarlos en cada cámara.

Varias personas han llegado a clase con modelos Réflex de última generación, la mayoría con MILC y los que menos con cámaras compactas. Al ver los distintos modelos y, sobre todo las Réflex, varios alumnos han preguntado qué cámara se adapta más a sus necesidades (fotografía amateur) y qué tipo deberían adquirir.

Tu jefe ya ha explicado que depende del uso que se le vaya a dar en un futuro y cuánto tiempo van a dedicar a hacer fotografías, pero te ha pedido que antes del final de la clase, elabores una tabla comparativa de los tres tipos de cámaras y sus principales características para entregarlos a final de la clase.

Aplicación práctica 3. Edición de imágenes

U. A. 2. Realización del revelado

Te gusta la fotografía, tienes una cámara réflex "media" y has realizado varios cursos de formación. Como cada vez está aumentando más el número de encargos y tus conocimientos de edición de fotos son básicos, has decidido apuntarte a un curso de iniciación al Photoshop.

Como primera actividad te han pedido que, sobre la fotografía adjunta, realices los siguientes ajustes y adjuntes una captura de pantalla del resultado:

- Ajustar el tamaño para que el fondo no sea lo que más espacio ocupe en la imagen.
- Ajustar la saturación, que permita que los colores se muestren más vivos, pero siempre manteniendo un equilibrio.
- Ajustar el brillo y contraste de la imagen para que se marquen más los elementos y las sombras se acentúen.

Aplicación práctica 4. Fotografía en redes sociales

U. A. 3. Postproducción de fotografía digital

Las redes sociales se han convertido en las plataformas que permiten llegar a una mayor audiencia, y son el mejor escenario para publicitar el trabajo de un fotógrafo.

Un amigo tiene un perfil en Instagram de recetas y le han pedido varias marcas de menaje de cocina que haga colaboraciones con ellos. Te ha pedido consejo ya que no está muy satisfecho con las imágenes que aparecen en su perfil.

El proceso de elaboración de la receta lo graba con un trípode de brazo extensible y su móvil, y hace relativamente poco tiempo se compró un cuadro de luz (o foco) para tener más luz.

Tiene una cocina nueva, con muebles blancos y una encimera blanca con vetas grises que asemejan al mármol. Además, cuenta con una ventana amplia que da a la calle y varios puntos de luz en el techo.

Escoge un perfil de cocina en redes sociales y, con las fotografías que muestre, elabora una guía de consejos para que sus fotos muestren mayor calidad.

Ejercicio de evaluación final

1. ¿Cuáles son los principios básicos en fotografía?

   a. Exposición, apertura de diafragma o apertura de lente, ISO, profundidad de campo, distancia focal y enfoque.

   b. Exposición, apertura de diafragma, ISO, profundidad de campo y enfoque.

   c. Exposición, apertura de diafragma, apertura de la lente, ISO, profundidad de campo, distancia focal y enfoque.

2. ¿Qué ocurre cuando una fotografía está sobrexpuesta?

   a. La fotografía se ha realizado con el ajuste de luz necesario.

   b. La fotografía no posee la luz necesaria para que se perciban los detalles, que se pierden en las partes oscuras.

   c. Se ha realizado la fotografía con una luz excesiva y los detalles se pierden en las partes claras.

3. En una fotografía subexpuesta:

   a. La fotografía se ha realizado con el ajuste de luz necesario.

   b. La fotografía no posee la luz necesaria para que se perciban los detalles, que se pierden en las partes oscuras.

   c. Se ha realizado la fotografía con una luz excesiva y los detalles se pierden en las partes claras.

4. ¿Qué cámaras poseen gran variedad de objetivos intercambiables?

   a. Réflex.

   b. Compactas.

   c. MILC.

5. La luz natural:

   a. No varía en función del momento del día, de la estación y del lugar donde se tome la fotografía.

   b. Varía en función del momento del día, de la estación y del lugar donde se tome la fotografía.

   c. Es aquella que se obtiene de focos.

6. ¿Cómo es la luz en las horas centrales?

   a. La luz es más brillante, marcando más la diferencia entre luces y sombras

   b. La luz es más cálida, con una transición menos marcada entre las zonas de luz y sombras.

   c. La luz varía dependiendo de la intensidad de los focos.

7. La luz semidifusa también puede denominarse:

   a. Luz cálida.

   b. Luz dura.

   c. Luz artificial.

8. En fotografía, el bodegón es un tipo de:

   a. Fotografía.

   b. Composición.

   c. Retrato.

9. ¿Cómo se denomina cuando la escena se divide en nueve secciones iguales y el elemento principal se sitúa en una de ellas?

   a. Composición.

   b. Líneas de horizonte.

   c. Regla de los tres tercios.

10.¿La técnica de vaporizar agua sobre frutas y verduras aporta?

a. Mayor frescura al fondo.

b. Menor frescura a los alimentos.

c. Mayor frescura a estos alimentos.

11.Una velocidad de obturación rápida:

a. Permite fotografiar salpicaduras o ingredientes cayendo.

b. Para fotografías sin movimiento.

c. No obtiene ningún resultado específico.

12.¿Dónde debe realizarse el revelado analógico?

a. Una habitación iluminada.

b. Una habitación oscura.

c. Una habitación con ventanas.

13.¿En qué consiste el tratamiento de imágenes?

a. Una técnica que ofrece la posibilidad de modificar aspectos o parámetros de una imagen para aumentar su calidad u obtener una imagen diferente.

b. Una técnica que permite enfocar y desenfocar elementos de una imagen.

c. Una herramienta de los softwares de edición de imágenes.

14.El software de edición de imágenes gratuito que compite directamente con Photoshop es:

a. GIMP.

b. Krita.

c. PhotoScape.

15. ¿Qué edición se lleva a cabo con el pincel corrector?

    a. Se pueden eliminar pequeñas imperfecciones de la imagen.

    b. Se pueden eliminar grandes imperfecciones de la imagen.

    c. Se pueden desenfocar objetos.

16. La postproducción fotográfica consiste en:

    a. La parte inicial de un proyecto de fotografía.

    b. La parte final de un proyecto de fotografía.

    c. Los primeros ajustes que se realizan antes de tomar una fotografía.

17. La saturación e intensidad:

    a. Permite obtener colores más vívidos y llamativos o, todo lo contrario, apagados.

    b. Permite obtener colores más vívidos y llamativos.

    c. Permite obtener colores más apagados.

18. La fotografía de larga exposición se define como:

    a. Aquella en la que se toman varias fotografías seguidas, a modo de ráfagas.

    b. Aquella en la que la velocidad de obturación o el tiempo de exposición bajo.

    c. Aquella en la que la velocidad de obturación o el tiempo de exposición es alto y elevado.

19. ¿En qué se emplea la vista cenital?

    a. En la grabación de recetas.

    b. En recetas emplatadas.

    c. No debe emplearse en fotografía gastronómica.

20.¿Cómo modifican las redes sociales las fotografías?

a. Recortan el tamaño de las fotografías.

b. Permiten publicar fotografía en cualquier tamaño.

c. Agrandan el tamaño de las fotografías.

Bibliografía

Webgrafía

Aspectos de la iluminación

https://www.fotografiaprofesional.mx/blog/iluminacion-fotografica/#Aspectos-de-la-iluminacion

Barrido de movimiento

https://www.blogdelfotografo.com/consejos-practicos-para-iniciarte-en-los-barridos-de-movimiento/

BOKEH

https://www.blogdelfotografo.com/bokeh/

Características de cámaras fotográficas

https://todo-fotografia.com/tecnica/tipos-de-camara/

Clave alta y baja

https://www.blogdelfotografo.com/fotografia-clave-alta-clave-baja/

Conceptos básicos de fotografía

https://mott.pe/noticias/como-entender-los-conceptos-basicos-de-fotografia-para-principiantes/

Consejos de fotografía gastronómica en redes sociales

https://www.elconfidencialdigital.com/articulo/gourmet/influencer-Laura-Ponts-vente-privee-gastronomica/20180326122846088916.html

Cómo realizar fotografía gastronómica para redes sociales

https://www.vanitatis.elconfidencial.com/estilo/ocio/2018-12-19/como-hacer-fotos-comida-instagram-foodie_1704862/

Concepto de composición

https://www.toulouselautrec.edu.pe/blogs/reglas-composicion-fotografica

Edición de imágenes

https://trazos.net/blog-edicion-de-fotografia-8-pasos/

Editores de imágenes gratuitos

https://www.xataka.com/basics/21-programas-aplicaciones-gratis-para-retocar-fotos

Estilos de fotografía gastronómica

https://kamandula.es/fotografia-gastronomica/

Fotografía de bodegón

https://www.blogdelfotografo.com/fotografia-de-bodegon/

Fotografía de producto

https://www.hostinger.es/tutoriales/fotografia-de-producto

Fotografía hiperfocal

https://www.dzoom.org.es/entiende-de-una-vez-por-todas-que-es-la-distancia-hiperfocal/

Fotografía gastronómica: cámaras

https://do-io.com/la-mejor-camara-para-fotografia-gastronomica/

Fotografía gastronómica para redes sociales

https://www.bartalentlab.com/degustanews/academy/gestion-hostelera/fotografia-gastronomica-para-redes-sociales

Fotografiar una receta

https://www.fondosparafotografos.com/blogs/blog/consejos-para-fotografiar-comida

Fotografiar la elaboración de un plato

https://www.blogdelfotografo.com/fotografia-gastronomica-2/

Guía de uso de Photoshop

https://design.tutsplus.com/es/articles/a-beginners-guide-to-photo-manipulations-in-adobe-photoshop--cms-32044

Guía para la fotografía gastronómica

https://manualdetecnicafotografica.com/blog/guia-de-fotografia-gastronomica/

La iluminación en fotografía

https://toomanyflash.com/iluminacion-en-fotografia/

La luz en fotografía

https://www.blogdelfotografo.com/iluminacion-en-fotografia/

Manipulación de Photoshop

https://fotografiaparaprincipianntes.blogspot.com/2015/10/foto-manipulacion-con-photoshop.html

Pasos para editar una fotografía

https://trazos.net/blog-edicion-de-fotografia-8-pasos/

Photoshop: Tratamiento de imágenes

https://xn--master-diseo-khb.com/tratamiento-imagenes-photoshop/

Postproducción fotográfica

https://toomanyflash.com/postproduccion-fotografica/

Principios básicos de fotografía

https://capturetheatlas.com/es/conceptos-basicos-de-la-fotografia/

Retoque de imágenes

https://threefeelings.com/retocar-imagenes-profesional/

Técnicas de edición

https://www.blogdelfotografo.com/tecnicas-fotograficas/

Técnicas de fotografía gastronómica

https://www.blogdelfotografo.com/fotografia-gastronomica-2/

Tipos de cámaras fotográficas

https://www.thewebfoto.com/1-introduccion/104-tipos-de-camaras

Trucos para fotografía gastronómica

https://camara360.org/fotografia-gastronomica/

Sombras en fotografía

https://www.dzoom.org.es/sombras-fotografia-retrato/

Utilidades de Photoshop

https://www.calamoycran.com/blog/para-que-sirve-photoshop/

Usos de Photoshop

https://galernaestudio.com/como-usar-photoshop/